기적을 만드는 습관

하루 3분
세 가지 감사

나   은(는)

년   월   일부터

감사 습관을 시작합니다

KOREA.COM

감사는 선택이고 습관입니다

감사의 과학을 설파해 온 심리학자 로버트 에먼스 교수는 자신의 연구 결과를 다음과 같이 발표했습니다.

> "감사하는 마음은 수면의 질을 개선시킨다. 숙면을 취하고
> 싶다면 양을 세는 것보다 자신이 받은 은혜를 세는 것이
> 더 좋다. 또한 지난 16년간 진행된 우리의 실험에 따르면,
> 감사를 습관화한 학생은 그렇지 않은 학생보다 연봉을 2만
> 5천 달러 더 받았고, 감사를 습관화한 사람은 그렇지 않은
> 사람보다 평균 수명이 9년이나 길었다."

오프라 윈프리는 10년간 매일 쓴 감사 일기로 그녀의 삶이 완전히 달라졌습니다. 그녀의 감사는 아주 사소한 것이었습니다. 유난히 파란 하늘, 맛있는 점심, 친구와의 유쾌한 수다 같은 일상의 소소한 행복을 매일매일 찾아내던 그녀의 감사 습관이 그녀를 위대한 사람으로 만들었습니다.

감사의 효과와 기적을 체험한 오프라 윈프리는 감사에 대해 다음과 같이 말하고 있습니다.

　　"감사야말로 당신의 일상을 바꿀 수 있는 가장 빠르고
　　쉬우며 강력한 방법이다."

　볼 수도 들을 수도 없었던 헬렌 켈러는 다음과 같은 감사의 기도를 남겼습니다.

　　"만약 내가 사흘을 볼 수 있다면 첫날에는 나를 가르쳐 준
　　설리번 선생님을 보고 싶습니다. 그리고 산으로 가서 아
　　름다운 꽃과 풀과 빛나는 노을을 보겠습니다. 둘째 날에는
　　새벽에 일어나 먼동이 트는 모습을 보고, 저녁에는 영롱하
　　게 빛나는 하늘의 별들을 보고 싶습니다. 셋째 날에는 아침
　　일찍 큰길로 나가 부지런히 출근하는 사람들의 활기찬 표

정을 보고, 점심에는 아름다운 영화를 한 편 보고, 저녁에
는 화려한 네온사인과 쇼윈도의 상품들을 구경하고 집에
돌아와 사흘간 눈을 뜨게 해 주신 하나님께 감사의 기도를
드리고 싶습니다."

우리가 매일 경험하는 보통의 일들이 그녀에게는 기적과도 같은
감사였습니다. 그러니 볼 수도 들을 수도 있는 우리는 매일매일 기
적과도 같은 감사한 삶을 살고 있는 것입니다.

감사는 선택이고 습관입니다. 매일의 일상 속에서 아주 작고
사소했던 것 중 세 가지를 감사의 주제로 찾아내는 습관은 당
신을 더 행복하고 더 건강하게 만들어 줄 것입니다. 감사를 습
관화하면 스트레스와 우울감이 줄어들고 혈압이 낮아지고 면역력이
높아진다는 것은 로버트 에먼스 교수를 비롯해 여러 학자의 연구를
통해 입증된 사실입니다.

우연히 눈길을 끈 풀꽃의 아름다움, 따뜻하고 향기로웠던 한 잔의 커피, 눈부시게 화창했던 햇살, 우연히 만난 사람의 친절함, 헬렌 켈러처럼 먼동이 트는 붉은 하늘과 빛나는 노을을 기억해 내는 것도 괜찮겠지요. 일상의 사소한 것에서 감사를 찾아내고 기록하는 데는 많은 시간이 필요하지 않습니다. 하루에 3분, 단 한 줄의 감사를 찾아내 기록하는 작은 습관을 들인다면 당신의 하루는 행복해지고 당신의 삶은 더 가치있게 변할 것입니다.

자, 이제 당신은 이 책으로 감사 습관의 첫날을 엽니다.
하루 3분의 감사 습관은 부정적인 생각을 긍정적인 생각으로, 우울한 마음을 따뜻한 마음으로, 불평을 감사로 바꾸어 궁극적으로 나의 일상과 삶을 건강하고 행복하게 바꾸어 주는 기적을 가져올 것입니다. 이 책의 첫 줄을 기록한 당신을 응원합니다.

WEEK 1

오늘 하루도 감사합니다

> 감사한 마음을 느끼고도 표현하지 않는 것은,
> 선물을 포장하고도 주지 않는 것과 같다.
>
> Feeling gratitude and not expressing,
> it is like wrapping a present and not giving it.
>
> 윌리엄 워드 William Ward

❀ 일요일의 감사 ❀　　　　　Date:　　　.　　.　　.

1.
2.
3.

오늘 나의 하루는?　　😌　　😊　　😐　　�© 　　😭

❀ 월요일의 감사 ❀　　　　　Date:　　　.　　.　　.

1.
2.
3.

오늘 나의 하루는?　　😌　　😊　　😐　　�© 　　😭

❀ 화요일의 감사 ❀　　　　Date:　　.　.　.

1.

2.

3.

오늘 나의 하루는?　🤣　😌　😐　😣　😭

❀ 수요일의 감사 ❀　　　　Date:　　.　.　.

1.

2.

3.

오늘 나의 하루는?　🤣　😌　😐　😣　😭

❀ 목요일의 감사 ❀　　　　Date:　　.　.　.

1.

2.

3.

오늘 나의 하루는?　🤣　😌　😐　😣　😭

7

Date: .   .   .

1. _____

2. _____

3. _____

오늘 나의 하루는?   😏   😌   😐   😫   😭

❊ **토요일의 감사** ❊   Date: .   .   .

1. _____

2. _____

3. _____

오늘 나의 하루는?   😏   😌   😐   😫   😭

이번 주 가장 기억에 남기고 싶은 순간은?

오늘 하루도 감사합니다

> 행복의 한쪽 문이 닫히면, 다른 쪽 문이 열린다.
> 하지만 우리는 닫힌 문만 오래 바라보느라
> 우리에게 열린 다른 문을 보지 못한다.
>
> When one door of happiness closes, another one opens; but often we look so
> long at the closed door that we do not see the one which has opened for us.
>
> 헬렌 켈러 Helen Keller

❋ 일요일의 감사 ❋   Date: .   .   .

1.

2.

3.

오늘 나의 하루는?   🤣   😌   😐   😫   😩

❋ 월요일의 감사 ❋   Date: .   .   .

1.

2.

3.

오늘 나의 하루는?   🤣   😌   😐   😫   😩

9

❀ 화요일의 감사 ❀   Date: .   .   .

1.

2.

3.

오늘 나의 하루는?

❀ 수요일의 감사 ❀   Date: .   .   .

1.

2.

3.

오늘 나의 하루는?

❀ 목요일의 감사 ❀   Date: .   .   .

1.

2.

3.

오늘 나의 하루는?

❀ **금요일의 감사** ❀　　　　　Date:　　　.　　.　　.

1.

2.

3.

오늘 나의 하루는?　　　😌　　　😊　　　😐　　　😣　　　😭

❀ **토요일의 감사** ❀　　　　　Date:　　　.　　.　　.

1.

2.

3.

오늘 나의 하루는?　　　😌　　　😊　　　😐　　　😣　　　😭

이번 주 가장 기억에 남기고 싶은 순간은?

WEEK 3 오늘 하루도 감사합니다

> 우리는 평범한 삶에서 우리가 주는 것보다
> 훨씬 더 많은 것을 받고 있음을 깨닫지 못한다.
> 사람은 감사를 통해 부자가 된다.
>
> *In ordinary life we hardly realize that we receive a great deal more*
> *than we give, and that it is only with gratitude that life becomes rich.*
>
> 디트리히 본회퍼 Dietrich Bonhoeffer

❊ 일요일의 감사 ❊   Date :   .   .   .

1.

2.

3.

오늘 나의 하루는?   😝   😌   😐   😩   😫

❊ 월요일의 감사 ❊   Date :   .   .   .

1.

2.

3.

오늘 나의 하루는?   😝   😌   😐   😩   😫

❇ 화요일의 감사 ❇   Date: .   .   .

1.

2.

3.

오늘 나의 하루는?   😆   😌   😐   😩   😫

❇ 수요일의 감사 ❇   Date: .   .   .

1.

2.

3.

오늘 나의 하루는?   😆   😌   😐   😩   😫

❇ 목요일의 감사 ❇   Date: .   .   .

1.

2.

3.

오늘 나의 하루는?   😆   😌   😐   😩   😫

❀ 금요일의 감사 ❀   Date: .   .   .

1.

2.

3.

오늘 나의 하루는?   🤸   😌   😶   😫   😭

❀ 토요일의 감사 ❀   Date: .   .   .

1.

2.

3.

오늘 나의 하루는?   🤸   😌   😶   😫   😭

이번 주 가장 기억에 남기고 싶은 순간은?

> 행복은 종종 나도 모르게 열어 두었던 문틈으로
> 슬그머니 들어온다.
>
> Happiness often sneaks in through a door
> you didn't know you left open.
>
> 존 베리모어 **John Barrymore**

❋ **일요일의 감사** ❋　　　　Date: ．　．　．

1.

2.

3.

오늘 나의 하루는?　😌　🙂　😐　😩　😫

❋ **월요일의 감사** ❋　　　　Date: ．　．　．

1.

2.

3.

오늘 나의 하루는?　😌　🙂　😐　😩　😫

❋ 화요일의 감사 ❋
Date: . . .

1. _____

2. _____

3. _____

오늘 나의 하루는?   🤣   😌   😐   😩   😭

❋ 수요일의 감사 ❋
Date: . . .

1. _____

2. _____

3. _____

오늘 나의 하루는?   🤣   😌   😐   😩   😭

❋ 목요일의 감사 ❋
Date: . . .

1. _____

2. _____

3. _____

오늘 나의 하루는?   🤣   😌   😐   😩   😭

❀ 금요일의 감사 ❀   Date: .   .   .

1.
2.
3.

오늘 나의 하루는?   😆   😊   😐   😩   😭

❀ 토요일의 감사 ❀   Date: .   .   .

1.
2.
3.

오늘 나의 하루는?   😆   😊   😐   😩   😭

이번 주 가장 기억에 남기고 싶은 순간은?

WEEK 5

> 평생 동안 기도하는 말이 "감사합니다"뿐이라면,
> 그것으로 충분하다.
>
> If the only prayer you ever say in your entire life is
> thank you, it will be enough.
>
> 마이스터 에크하르트 Meister Eckhart

❀ 일요일의 감사 ❀   Date: .   .   .

1.

2.

3.

오늘 나의 하루는?   😄   😌   😐   😣   😭

❀ 월요일의 감사 ❀   Date: .   .   .

1.

2.

3.

오늘 나의 하루는?   😄   😌   😐   😣   😭

❋ 화요일의 감사 ❋

Date: . . .

1.

2.

3.

오늘 나의 하루는?

❋ 수요일의 감사 ❋

Date: . . .

1.

2.

3.

오늘 나의 하루는?

❋ 목요일의 감사 ❋

Date: . . .

1.

2.

3.

오늘 나의 하루는?

❋ 금요일의 감사 ❋

Date: . . .

1.

2.

3.

오늘 나의 하루는?

❋ 토요일의 감사 ❋

Date: . . .

1.

2.

3.

오늘 나의 하루는?

이번 주 가장 기억에 남기고 싶은 순간은?

오늘 하루도 감사합니다

 WEEK 6

> 감사하는 태도는 축복을 만든다. 다른 사람을 도움으로
> 자기 자신을 도우라. 당신에게는 사랑과 기도라는
> 세상에서 가장 강력한 무기가 있다.
>
> An attitude of gratitude creates blessings. Help yourself by helping
> others. You have the most powerful weapons on earth - love and prayer.
>
> 존 템플턴 John Templeton

❈ 일요일의 감사 ❈   Date: .   .   .

1.

2.

3.

오늘 나의 하루는?

❈ 월요일의 감사 ❈   Date: .   .   .

1.

2.

3.

오늘 나의 하루는?

21

❀ 화요일의 감사 ❀   Date: .   .   .

1. _____

2. _____

3. _____

오늘 나의 하루는?   😆   😌   😐   😩   😭

❀ 수요일의 감사 ❀   Date: .   .   .

1. _____

2. _____

3. _____

오늘 나의 하루는?   😆   😌   😐   😩   😭

❀ 목요일의 감사 ❀   Date: .   .   .

1. _____

2. _____

3. _____

오늘 나의 하루는?   😆   😌   😐   😩   😭

❀ 금요일의 감사 ❀   Date: .   .   .

1.

2.

3.

오늘 나의 하루는?   😆   😌   😊   😣   😫

❀ 토요일의 감사 ❀   Date: .   .   .

1.

2.

3.

오늘 나의 하루는?   😆   😌   😊   😣   😫

이번 주 가장 기억에 남기고 싶은 순간은?

WEEK 7 오늘 하루도 감사합니다

> 행복은 언제나 감사의 문으로 들어와서
> 불평의 문으로 빠져나간다.
>
> Happiness always comes in through the door of thanksgiving
> and goes out through the door of complaint.
>
> 서양 속담

❀ 일요일의 감사 ❀ Date: . . .

1.

2.

3.

오늘 나의 하루는?   😆   😌   😐   😩   😭

❀ 월요일의 감사 ❀ Date: . . .

1.

2.

3.

오늘 나의 하루는?   😆   😌   😐   😩   😭

24

❊ 화요일의 감사 ❊   Date: .   .   .

1.

2.

3.

오늘 나의 하루는?

❊ 수요일의 감사 ❊   Date: .   .   .

1.

2.

3.

오늘 나의 하루는?

❊ 목요일의 감사 ❊   Date: .   .   .

1.

2.

3.

오늘 나의 하루는?

❈ 금요일의 감사 ❈   Date: .   .   .

1. _____

2. _____

3. _____

오늘 나의 하루는?   🤣   😌   😐   😩   😫

❈ 토요일의 감사 ❈   Date: .   .   .

1. _____

2. _____

3. _____

오늘 나의 하루는?   🤣   😌   😐   😩   😫

이번 주 가장 기억에 남기고 싶은 순간은?

> 우리를 행복하게 해 주는 사람들에게 감사하자.
> 그들은 우리 영혼을 활짝 꽃피우는 유쾌한 정원사다.
>
> Let us be grateful to the people who make us happy;
> they are the charming gardeners who make our souls blossom.
>
> 마르셀 프루스트 Marcel Proust

❋ 일요일의 감사 ❋   Date: .   .   .

1.

2.

3.

오늘 나의 하루는?

❋ 월요일의 감사 ❋   Date: .   .   .

1.

2.

3.

오늘 나의 하루는?

❀ **화요일의 감사** ❀　　　　Date:　　　.　　.　　.

1. _____

2. _____

3. _____

오늘 나의 하루는?　　😆　　😌　　😐　　😩　　😰

❀ **수요일의 감사** ❀　　　　Date:　　　.　　.　　.

1. _____

2. _____

3. _____

오늘 나의 하루는?　　😆　　😌　　😐　　😩　　😰

❀ **목요일의 감사** ❀　　　　Date:　　　.　　.　　.

1. _____

2. _____

3. _____

오늘 나의 하루는?　　😆　　😌　　😐　　😩　　😰

❀ 금요일의 감사 ❀   Date: .   .   .

1. _____

2. _____

3. _____

오늘 나의 하루는?   😴   😌   😐   😣   😫

❀ 토요일의 감사 ❀   Date: .   .   .

1. _____

2. _____

3. _____

오늘 나의 하루는?   😴   😌   😐   😣   😫

이번 주 가장 기억에 남기고 싶은 순간은?

29

WEEK 9

오늘 하루도 감사합니다

> 감사하는 마음은 최고의 미덕일 뿐 아니라
> 모든 미덕의 어버이다.
>
> Gratitude is not only the greatest of virtues,
> but the parents of all others.
>
> 키케로 Cicero

❀ 일요일의 감사 ❀　　　　Date: 　 . 　 . 　 .

1.

2.

3.

오늘 나의 하루는?　😆　😌　😐　😟　😫

❀ 월요일의 감사 ❀　　　　Date: 　 . 　 . 　 .

1.

2.

3.

오늘 나의 하루는?　😆　😌　😐　😟　😫

❋ 화요일의 감사 ❋   Date: .   .   .

1.

2.

3.

오늘 나의 하루는?

❋ 수요일의 감사 ❋   Date: .   .   .

1.

2.

3.

오늘 나의 하루는?

❋ 목요일의 감사 ❋   Date: .   .   .

1.

2.

3.

오늘 나의 하루는?

1.

2.

3.

오늘 나의 하루는?   🙃   😌   😐   😞   😫

1.

2.

3.

오늘 나의 하루는?   🙃   😌   😐   😞   😫

이번 주 가장 기억에 남기고 싶은 순간은?

> 하늘을 향해 감사하는 생각은 가장 완전한 기도다.
>
> A single grateful thought toward heaven is
> the most perfect prayer.
>
> 고트홀트 에프라임 레싱 Gotthold Ephraim Lessing

❀ 일요일의 감사 ❀　　　Date:　　.　.　.

1.

2.

3.

오늘 나의 하루는?　😆　😌　😐　😫　😩

❀ 월요일의 감사 ❀　　　Date:　　.　.　.

1.

2.

3.

오늘 나의 하루는?　😆　😌　😐　😫　😩

❋ 화요일의 감사 ❋　　　　　Date: 　.　.　.

1.

2.

3.

오늘 나의 하루는?　　😆　　😌　　😐　　😫　　😭

❋ 수요일의 감사 ❋　　　　　Date: 　.　.　.

1.

2.

3.

오늘 나의 하루는?　　😆　　😌　　😐　　😫　　😭

❋ 목요일의 감사 ❋　　　　　Date: 　.　.　.

1.

2.

3.

오늘 나의 하루는?　　😆　　😌　　😐　　😫　　😭

❀ 금요일의 감사 ❀   Date: .   .   .

1.

2.

3.

오늘 나의 하루는?   🤭   😌   😐   😣   😫

❀ 토요일의 감사 ❀   Date: .   .   .

1.

2.

3.

오늘 나의 하루는?   🤭   😌   😐   😣   😫

이번 주 가장 기억에 남기고 싶은 순간은?

오늘 하루도 감사합니다

> 상황을 바꾸는 것이 더 이상 불가능할 때,
> 우리는 스스로를 변화시켜야 한다.
>
> When we are no longer able to change a situation,
> we are challenged to change ourselves.
>
> 빅터 프랭클 Viktor Frankl

❋ 일요일의 감사 ❋   Date: .   .   .

1.

2.

3.

오늘 나의 하루는?

❋ 월요일의 감사 ❋   Date: .   .   .

1.

2.

3.

오늘 나의 하루는?

❀ 화요일의 감사 ❀

Date: .   .   .

1.

2.

3.

오늘 나의 하루는?

❀ 수요일의 감사 ❀

Date: .   .   .

1.

2.

3.

오늘 나의 하루는?

❀ 목요일의 감사 ❀

Date: .   .   .

1.

2.

3.

오늘 나의 하루는?

✾ 금요일의 감사 ✾   Date: .   .   .

1. _____

2. _____

3. _____

오늘 나의 하루는?   🤣   😌   😶   😣   😭

✾ 토요일의 감사 ✾   Date: .   .   .

1. _____

2. _____

3. _____

오늘 나의 하루는?   🤣   😌   😶   😣   😭

이번 주 가장 기억에 남기고 싶은 순간은?

> 꾸준한 사람들은 다른 사람들이
> 실패로 끝나는 곳에서 성공을 시작한다.
>
> Persistent people begin their success
> where others end in failure.
>
> 에드워드 에글스턴 Edward Eggleston

❋ 일요일의 감사 ❋

Date: .   .   .

1.

2.

3.

오늘 나의 하루는?

❋ 월요일의 감사 ❋

Date: .   .   .

1.

2.

3.

오늘 나의 하루는?

❋ 화요일의 감사 ❋   Date: .   .   .

1. _____

2. _____

3. _____

오늘 나의 하루는?   😆   😌   😐   😫   😭

❋ 수요일의 감사 ❋   Date: .   .   .

1. _____

2. _____

3. _____

오늘 나의 하루는?   😆   😌   😐   😫   😭

❋ 목요일의 감사 ❋   Date: .   .   .

1. _____

2. _____

3. _____

오늘 나의 하루는?   😆   😌   😐   😫   😭

1.

2.

3.

오늘 나의 하루는?

❀ **토요일의 감사** ❀ Date: .   .   .

1.

2.

3.

오늘 나의 하루는?

이번 주 가장 기억에 남기고 싶은 순간은?

오늘 하루도 감사합니다

> 자신의 필요보다 더 많은 것을 구하는 사람은
> 자신이 가진 것을 즐기는 것을 스스로 방해하는 것이다.
>
> Who seeks more than he needs hinders himself
> from enjoying what he has.
>
> 이븐 가비롤 Ibn Gabirol

❋ **일요일의 감사** ❋　　　　　　Date:　　　.　　.　　.

1.

2.

3.

오늘 나의 하루는?

❋ **월요일의 감사** ❋　　　　　　Date:　　　.　　.　　.

1.

2.

3.

오늘 나의 하루는?

❊ 화요일의 감사 ❊   Date: .   .   .

1.

2.

3.

오늘 나의 하루는?

❊ 수요일의 감사 ❊   Date: .   .   .

1.

2.

3.

오늘 나의 하루는?

❊ 목요일의 감사 ❊   Date: .   .   .

1.

2.

3.

오늘 나의 하루는?

43

❀ **금요일의 감사** ❀　　　　　　Date:　　　.　　.　　.

1.

2.

3.

오늘 나의 하루는?　　😆　　😌　　😐　　😞　　😫

❀ **토요일의 감사** ❀　　　　　　Date:　　　.　　.　　.

1.

2.

3.

오늘 나의 하루는?　　😆　　😌　　😐　　😞　　😫

이번 주 가장 기억에 남기고 싶은 순간은?

> 신은 오늘 8만 6,400초라는 시간을 선물로 주셨다.
> 그중 1초라도 감사하다는 말을 하는 데 썼는가?
>
> God gave you a gift of 86,400 seconds today.
> Have you used one to say 'thank you'?
>
> 윌리엄 워드 William Ward

❋ 일요일의 감사 ❋   Date: .   .   .

1.

2.

3.

오늘 나의 하루는?

❋ 월요일의 감사 ❋   Date: .   .   .

1.

2.

3.

오늘 나의 하루는?

❋ **화요일의 감사** ❋　　　　Date:　　　.　.　.

1.

2.

3.

오늘 나의 하루는?　　😆　　😌　　😐　　😫　　😰

❋ **수요일의 감사** ❋　　　　Date:　　　.　.　.

1.

2.

3.

오늘 나의 하루는?　　😆　　😌　　😐　　😫　　😰

❋ **목요일의 감사** ❋　　　　Date:　　　.　.　.

1.

2.

3.

오늘 나의 하루는?　　😆　　😌　　😐　　😫　　😰

❋ 금요일의 감사 ❋   Date: .   .   .

1.

2.

3.

오늘 나의 하루는?   😆   😊   😐   😫   😣

❋ 토요일의 감사 ❋   Date: .   .   .

1.

2.

3.

오늘 나의 하루는?   😆   😊   😐   😫   😣

이번 주 가장 기억에 남기고 싶은 순간은?

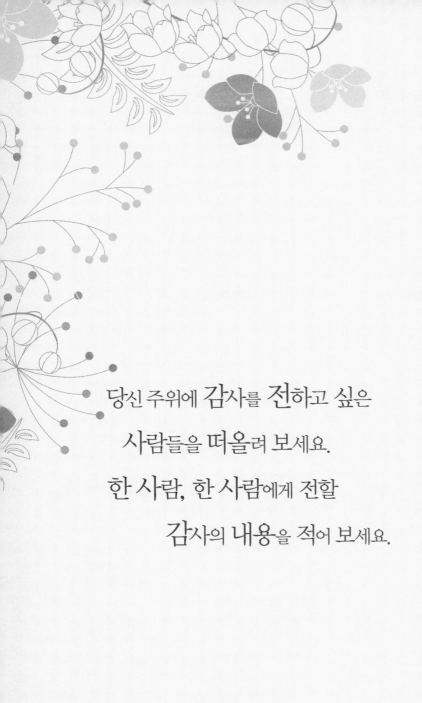

당신 주위에 감사를 전하고 싶은

사람들을 떠올려 보세요.

한 사람, 한 사람에게 전할

감사의 내용을 적어 보세요.

WEEK 15

오늘 하루도 감사합니다

> 용기는 일어서서 말하는 데 필요하지만,
> 앉아서 듣는 데도 용기가 필요하다.
>
> *Courage is what it takes to stand up and speak;*
> *courage is also what it takes to sit down and listen.*
>
> 윈스턴 처칠 Winston Churchill

❀ 일요일의 감사 ❀　　　　　　　　Date:　　.　　.　　.

1.

2.

3.

오늘 나의 하루는?　　😆　　😌　　😐　　😩　　😫

❀ 월요일의 감사 ❀　　　　　　　　Date:　　.　　.　　.

1.

2.

3.

오늘 나의 하루는?　　😆　　😌　　😐　　😩　　😫

❊ 화요일의 감사 ❊   Date: .   .   .

1.

2.

3.

오늘 나의 하루는?   🤭   😌   😐   😩   😭

❊ 수요일의 감사 ❊   Date: .   .   .

1.

2.

3.

오늘 나의 하루는?   🤭   😌   😐   😩   😭

❊ 목요일의 감사 ❊   Date: .   .   .

1.

2.

3.

오늘 나의 하루는?   🤭   😌   😐   😩   😭

51

❀ 금요일의 감사 ❀　　　　　Date:　　　.　　.　　.

1. ＿＿＿＿＿＿＿＿＿＿＿＿＿＿＿＿＿＿＿＿＿＿＿＿＿

2. ＿＿＿＿＿＿＿＿＿＿＿＿＿＿＿＿＿＿＿＿＿＿＿＿＿

3. ＿＿＿＿＿＿＿＿＿＿＿＿＿＿＿＿＿＿＿＿＿＿＿＿＿

오늘 나의 하루는?　　😆　　😌　　😐　　😣　　😭

❀ 토요일의 감사 ❀　　　　　Date:　　　.　　.　　.

1. ＿＿＿＿＿＿＿＿＿＿＿＿＿＿＿＿＿＿＿＿＿＿＿＿＿

2. ＿＿＿＿＿＿＿＿＿＿＿＿＿＿＿＿＿＿＿＿＿＿＿＿＿

3. ＿＿＿＿＿＿＿＿＿＿＿＿＿＿＿＿＿＿＿＿＿＿＿＿＿

오늘 나의 하루는?　　😆　　😌　　😐　　😣　　😭

이번 주 가장 기억에 남기고 싶은 순간은?

> 내가 바람의 방향을 바꿀 수는 없지만,
> 항상 목적지에 도달하도록 돛을 조정할 수는 있다.
>
> I can't change the direction of the wind,
> but I can adjust my sails to always reach my destination.
>
> 지미 딘 Jimmy Dean

❊ 일요일의 감사 ❊

Date: .   .   .

1.

2.

3.

오늘 나의 하루는?

❊ 월요일의 감사 ❊

Date: .   .   .

1.

2.

3.

오늘 나의 하루는?

　　　　　　Date:　　　.　　.　　.

1. _____

2. _____

3. _____

오늘 나의 하루는?　　😆　　😌　　😐　　😣　　😭

❉ **수요일의 감사** ❉　　　　　　Date:　　　.　　.　　.

1. _____

2. _____

3. _____

오늘 나의 하루는?　　😆　　😌　　😐　　😣　　😭

❉ **목요일의 감사** ❉　　　　　　Date:　　　.　　.　　.

1. _____

2. _____

3. _____

오늘 나의 하루는?　　😆　　😌　　😐　　😣　　😭

❀ 금요일의 감사 ❀   Date: .   .   .

1. _____

2. _____

3. _____

오늘 나의 하루는?   😆   😌   😐   😫   😭

❀ 토요일의 감사 ❀   Date: .   .   .

1. _____

2. _____

3. _____

오늘 나의 하루는?   😆   😌   😐   😫   😭

이번 주 가장 기억에 남기고 싶은 순간은?

오늘 하루도 감사합니다

> 사람이 얼마나 행복한가는
> 그의 감사의 깊이에 달려 있다.
>
> How happy a person is depends upon
> the depth of his gratitude.
>
> 존 밀러 John Miller

❀ 일요일의 감사 ❀　　　　　Date: 　.　 .　 .

1.

2.

3.

오늘 나의 하루는?　　😋　　😌　　😐　　😣　　😫

❀ 월요일의 감사 ❀　　　　　Date: 　.　 .　 .

1.

2.

3.

오늘 나의 하루는?　　😋　　😌　　😐　　😣　　😫

❄ 화요일의 감사 ❄   Date: .   .   .

1.

2.

3.

오늘 나의 하루는?

❄ 수요일의 감사 ❄   Date: .   .   .

1.

2.

3.

오늘 나의 하루는?

❄ 목요일의 감사 ❄   Date: .   .   .

1.

2.

3.

오늘 나의 하루는?

57

❋ **금요일의 감사** ❋　　　　　　Date:　　　.　　.　　.

1.

2.

3.

오늘 나의 하루는?　　😆　　😌　　😐　　😣　　😫

❋ **토요일의 감사** ❋　　　　　　Date:　　　.　　.　　.

1.

2.

3.

오늘 나의 하루는?　　😆　　😌　　😐　　😣　　😫

이번 주 가장 기억에 남기고 싶은 순간은?

> 감사는 위대한 교양의 결실이다.
> 무례한 사람에게서는 그것을 발견할 수 없다.
>
> *Gratitude is a fruit of great cultivation;*
> *you do not find it among gross people.*
>
> 사무엘 존슨 Samuel Johnson

❊**일요일의 감사**❊　　　　Date:　　　.　　.　　.

1.

2.

3.

오늘 나의 하루는?

❊ **월요일의 감사** ❊　　　　Date:　　　.　　.　　.

1.

2.

3.

오늘 나의 하루는?

❀ 화요일의 감사 ❀　　　　　Date:　　.　.　.

1.

2.

3.

오늘 나의 하루는?　　😆　　😌　　😐　　😫　　😭

❀ 수요일의 감사 ❀　　　　　Date:　　.　.　.

1.

2.

3.

오늘 나의 하루는?　　😆　　😌　　😐　　😫　　😭

❀ 목요일의 감사 ❀　　　　　Date:　　.　.　.

1.

2.

3.

오늘 나의 하루는?　　😆　　😌　　😐　　😫　　😭

60

❀ 금요일의 감사 ❀   Date: .   .   .

1.

2.

3.

오늘 나의 하루는?   😆   😌   😐   😣   😭

❀ 토요일의 감사 ❀   Date: .   .   .

1.

2.

3.

오늘 나의 하루는?   😆   😌   😐   😣   😭

이번 주 가장 기억에 남기고 싶은 순간은?

WEEK 19 　오늘 하루도 감사합니다

> 세상을 살면서 사랑스럽고 소박한 것들이
> 결국 진짜 중요한 것임을 나는 깨우치기 시작했다.
>
> I am beginning to learn that it is the sweet, simple things of life
> which are the real ones after all.
>
> 로라 잉걸스 와일더 Laura Ingalls Wilder

❀ **일요일의 감사** ❀　　　　　Date: 　　.　　.　　.

1.

2.

3.

오늘 나의 하루는?

❀ **월요일의 감사** ❀　　　　　Date: 　　.　　.　　.

1.

2.

3.

오늘 나의 하루는?

❀ 화요일의 감사 ❀

Date: . . .

1.

2.

3.

오늘 나의 하루는?

❀ 수요일의 감사 ❀

Date: . . .

1.

2.

3.

오늘 나의 하루는?

❀ 목요일의 감사 ❀

Date: . . .

1.

2.

3.

오늘 나의 하루는?

❀ 금요일의 감사 ❀　　　　　Date:　　　.　.　.

1.

2.

3.

오늘 나의 하루는?　🤪　😌　😳　😩　😭

❀ 토요일의 감사 ❀　　　　　Date:　　　.　.　.

1.

2.

3.

오늘 나의 하루는?　🤪　😌　😳　😩　😭

이번 주 가장 기억에 남기고 싶은 순간은?

64

> 감사에 보답하는 것보다 더 다급한 임무는 없다.
>
> No duty is more urgent than that of returning thanks.
>
> 제임스 앨런 James Allen

❈ 일요일의 감사 ❈   Date: .   .

1.

2.

3.

오늘 나의 하루는?   😆   😌   😐   😫   😭

❈ 월요일의 감사 ❈   Date: .   .

1.

2.

3.

오늘 나의 하루는?   😆   😌   😐   😫   😭

❊ **화요일의 감사** ❊　　　　　Date:　　　.　　.　　.

1. _____

2. _____

3. _____

오늘 나의 하루는?　　😆　　😌　　😐　　😫　　😭

❊ **수요일의 감사** ❊　　　　　Date:　　　.　　.　　.

1. _____

2. _____

3. _____

오늘 나의 하루는?　　😆　　😌　　😐　　😫　　😭

❊ **목요일의 감사** ❊　　　　　Date:　　　.　　.　　.

1. _____

2. _____

3. _____

오늘 나의 하루는?　　😆　　😌　　😐　　😫　　😭

❋ 금요일의 감사 ❋　　　　　Date:　　.　　.　　.

1.

2.

3.

오늘 나의 하루는?　　😋　　😌　　😐　　😣　　😫

❋ 토요일의 감사 ❋　　　　　Date:　　.　　.　　.

1.

2.

3.

오늘 나의 하루는?　　😋　　😌　　😐　　😣　　😫

이번 주 가장 기억에 남기고 싶은 순간은?

WEEK 21

오늘 하루도 감사합니다

> 행복해지려고 애쓰는 것을 멈춘다면,
> 우리는 행복해질 것이다.
>
> If only we'd stop trying to be happy,
> we could have a pretty good time.
>
> 이디스 워튼 Edith Wharton

❀ **일요일의 감사** ❀　　　　　　Date: ․　․　․

1.

2.

3.

오늘 나의 하루는?　　🤣　　😌　　😐　　😩　　😫

❀ **월요일의 감사** ❀　　　　　　Date: ․　․　․

1.

2.

3.

오늘 나의 하루는?　　🤣　　😌　　😐　　😩　　😫

❀ 화요일의 감사 ❀

Date:　　.　　.　　.

1.

2.

3.

오늘 나의 하루는?

❀ 수요일의 감사 ❀

Date:　　.　　.　　.

1.

2.

3.

오늘 나의 하루는?

❀ 목요일의 감사 ❀

Date:　　.　　.　　.

1.

2.

3.

오늘 나의 하루는?

69

❀ 금요일의 감사 ❀   Date: .   .   .

1. _____

2. _____

3. _____

오늘 나의 하루는?   🤣   😌   😐   😩   😭

❀ 토요일의 감사 ❀   Date: .   .   .

1. _____

2. _____

3. _____

오늘 나의 하루는?   🤣   😌   😐   😩   😭

이번 주 가장 기억에 남기고 싶은 순간은?

> 감사할 줄 모르면서 행복한 사람이 없고,
> 감사로 충만하면서 행복하지 않은 사람도 없다.
>
> You've never met an ungrateful person who is happy,
> nor have you ever met a grateful person who is unhappy.
>
> 지그 지글러 Zig Ziglar

❀ 일요일의 감사 ❀   Date: .   .   .

1.

2.

3.

오늘 나의 하루는?

❀ 월요일의 감사 ❀   Date: .   .   .

1.

2.

3.

오늘 나의 하루는?

❀ 화요일의 감사 ❀   Date: .   .   .

1. _____

2. _____

3. _____

오늘 나의 하루는?   😆   😌   😐   😩   😫

❀ 수요일의 감사 ❀   Date: .   .   .

1. _____

2. _____

3. _____

오늘 나의 하루는?   😆   😌   😐   😩   😫

❀ 목요일의 감사 ❀   Date: .   .   .

1. _____

2. _____

3. _____

오늘 나의 하루는?   😆   😌   😐   😩   😫

❋ 금요일의 감사 ❋

1.

2.

3.

오늘 나의 하루는?

❋ 토요일의 감사 ❋

Date: . . .

1.

2.

3.

오늘 나의 하루는?

이번 주 가장 기억에 남기고 싶은 순간은?

WEEK 23 · 오늘 하루도 감사합니다

우리는 쉽게 얻은 것들을 너무 가볍게 취급한다.
That which we obtain too easily, we esteem too lightly.

토마스 페인 Thomas Paine

❁ **일요일의 감사** ❁   Date: .   .   .

1.

2.

3.

오늘 나의 하루는?   🤭   😌   😐   😫   😩

❁ **월요일의 감사** ❁   Date: .   .   .

1.

2.

3.

오늘 나의 하루는?   🤭   😌   😐   😫   😩

74

❀ **화요일의 감사** ❀

1.

2.

3.

오늘 나의 하루는?

❀ **수요일의 감사** ❀

Date: . . .

1.

2.

3.

오늘 나의 하루는?

❀ **목요일의 감사** ❀

Date: . . .

1.

2.

3.

오늘 나의 하루는?

❋ 금요일의 감사 ❋

Date:　　.　　.　　.

1.

2.

3.

오늘 나의 하루는?　　😆　　😌　　😐　　😣　　😫

❋ 토요일의 감사 ❋

Date:　　.　　.　　.

1.

2.

3.

오늘 나의 하루는?　　😆　　😌　　😐　　😣　　😫

이번 주 가장 기억에 남기고 싶은 순간은?

> 감사하는 태도를 발전시키라. 만나는 모든 사람에게
> 나를 위해 해 준 모든 것에 대해 감사하다고 말하라.
> Develop an attitude of gratitude. Say thank you to everyone
> you meet for everything they do for you.
>
> 브라이언 트레이시 Brian Tracy

❀ 일요일의 감사 ❀   Date: .   .   .

1.

2.

3.

오늘 나의 하루는?   😆   😊   😐   😣   😫

❀ 월요일의 감사 ❀   Date: .   .   .

1.

2.

3.

오늘 나의 하루는?   😆   😊   😐   😣   😫

❋ 화요일의 감사 ❋　　　　Date:　　　.　　.　　.

1.

2.

3.

오늘 나의 하루는?　　🤣　　😌　　😐　　😩　　😭

❋ 수요일의 감사 ❋　　　　Date:　　　.　　.　　.

1.

2.

3.

오늘 나의 하루는?　　🤣　　😌　　😐　　😩　　😭

❋ 목요일의 감사 ❋　　　　Date:　　　.　　.　　.

1.

2.

3.

오늘 나의 하루는?　　🤣　　😌　　😐　　😩　　😭

Date:　　　.　　.　　.

1.

2.

3.

오늘 나의 하루는?　　　😋　　　😌　　　😐　　　😫　　　😭

✽ **토요일의 감사** ✽

Date:　　　.　　.　　.

1.

2.

3.

오늘 나의 하루는?　　　😋　　　😌　　　😐　　　😫　　　😭

이번 주 가장 기억에 남기고 싶은 순간은?

WEEK 25

> 인생을 사는 방법에는 딱 두 가지가 있다.
> 하나는 기적이 없는 것처럼 사는 것이고,
> 다른 하나는 모든 것이 기적인 것처럼 사는 것이다.
>
> There are only two ways to live your life. One is as though nothing
> is a miracle. The other is as though everything is a miracle.
>
> 알베르트 아인슈타인 Albert Einstein

❋ 일요일의 감사 ❋   Date: .   .   .

1.

2.

3.

오늘 나의 하루는?

❋ 월요일의 감사 ❋   Date: .   .   .

1.

2.

3.

오늘 나의 하루는?

❁ 화요일의 감사 ❁

Date: . . .

1.

2.

3.

오늘 나의 하루는?   😆   😌   😊   😫   😭

❁ 수요일의 감사 ❁

Date: . . .

1.

2.

3.

오늘 나의 하루는?   😆   😌   😊   😫   😭

❁ 목요일의 감사 ❁

Date: . . .

1.

2.

3.

오늘 나의 하루는?   😆   😌   😊   😫   😭

Date :　　　.　　.　　.

1.

2.

3.

오늘 나의 하루는?　　😆　　😌　　😐　　😣　　😫

※ **토요일의 감사** ※

Date :　　　.　　.　　.

1.

2.

3.

오늘 나의 하루는?　　😆　　😌　　😐　　😣　　😫

이번 주 가장 기억에 남기고 싶은 순간은?

82

가난한 사람은 적게 가진 사람이 아니라
더 많은 것을 탐내는 사람이다.

It is not the man who has too little,
but the man who craves more, that is poor.

세네카 Seneca

❀ **일요일의 감사** ❀　　　Date:　　　.　　.　　.

1.

2.

3.

오늘 나의 하루는?

❀ **월요일의 감사** ❀　　　Date:　　　.　　.　　.

1.

2.

3.

오늘 나의 하루는?

❀ 화요일의 감사 ❀   Date: .   .   .

1. _____

2. _____

3. _____

오늘 나의 하루는?   🤣   😌   😐   😩   😭

❀ 수요일의 감사 ❀   Date: .   .   .

1. _____

2. _____

3. _____

오늘 나의 하루는?   🤣   😌   😐   😩   😭

❀ 목요일의 감사 ❀   Date: .   .   .

1. _____

2. _____

3. _____

오늘 나의 하루는?   🤣   😌   😐   😩   😭

❋ 금요일의 감사 ❋   Date: .   .   .

1.

2.

3.

오늘 나의 하루는?   😆   😌   😐   😣   😭

❋ 토요일의 감사 ❋   Date: .   .   .

1.

2.

3.

오늘 나의 하루는?   😆   😌   😐   😣   😭

이번 주 가장 기억에 남기고 싶은 순간은?

WEEK 27

오늘 하루도 감사합니다

> 가진 것에 감사하면 결국 더 많이 갖게 될 것이다.
> 가지지 못한 것에 집착하면 결코 충분히 얻지 못할 것이다.
>
> Be thankful for what you have; you'll end up having more. If you
> concentrate on what you don't have, you will never, ever have enough.
>
> 오프라 윈프리 Oprah Winfrey

❋ **일요일의 감사** ❋　　　　　　Date:　　　.　　.　　.

1.

2.

3.

오늘 나의 하루는?　　😌　　😌　　😐　　😞　　😫

❋ **월요일의 감사** ❋　　　　　　Date:　　　.　　.　　.

1.

2.

3.

오늘 나의 하루는?　　😌　　😌　　😐　　😞　　😫

❀ **화요일의 감사** ❀　　　　　Date: 　.　　.　　.

1. _____

2. _____

3. _____

오늘 나의 하루는?　　😆　　😌　　😐　　😩　　😫

❀ **수요일의 감사** ❀　　　　　Date: 　.　　.　　.

1. _____

2. _____

3. _____

오늘 나의 하루는?　　😆　　😌　　😐　　😩　　😫

❀ **목요일의 감사** ❀　　　　　Date: 　.　　.　　.

1. _____

2. _____

3. _____

오늘 나의 하루는?　　😆　　😌　　😐　　😩　　😫

❋ 금요일의 감사 ❋   Date: .   .   .

1. _____

2. _____

3. _____

오늘 나의 하루는?   😆   😊   😐   😣   😭

❋ 토요일의 감사 ❋   Date: .   .   .

1. _____

2. _____

3. _____

오늘 나의 하루는?   😆   😊   😐   😣   😭

이번 주 가장 기억에 남기고 싶은 순간은?

> 우리는 이미 가진 것에 대해서는 좀처럼 생각하지 않고,
> 언제나 없는 것만 생각한다.
> We seldom think of what we have but always of what we lack.
>
> 아르투르 쇼펜하우어 Arthur Schopenhauer

❈ 일요일의 감사 ❈　　　　Date:　　.　　.　　.

1.

2.

3.

오늘 나의 하루는?

❈ 월요일의 감사 ❈　　　　Date:　　.　　.　　.

1.

2.

3.

오늘 나의 하루는?

❋ 화요일의 감사 ❋   Date: .   .   .

1. _____

2. _____

3. _____

오늘 나의 하루는?   🤣   😌   😐   😩   😭

❋ 수요일의 감사 ❋   Date: .   .   .

1. _____

2. _____

3. _____

오늘 나의 하루는?   🤣   😌   😐   😩   😭

❋ 목요일의 감사 ❋   Date: .   .   .

1. _____

2. _____

3. _____

오늘 나의 하루는?   🤣   😌   😐   😩   😭

❋ 금요일의 감사 ❋   Date: .   .

1.

2.

3.

오늘 나의 하루는?

❋ 토요일의 감사 ❋   Date: .   .

1.

2.

3.

오늘 나의 하루는?

이번 주 가장 기억에 남기고 싶은 순간은?

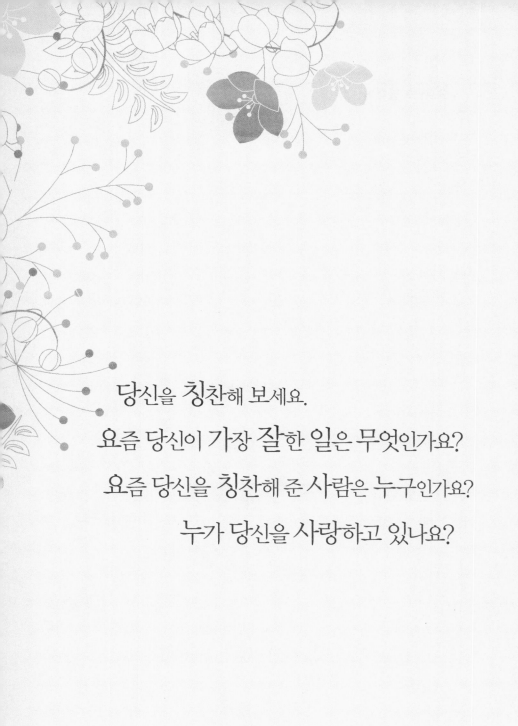

당신을 칭찬해 보세요.

요즘 당신이 가장 잘한 일은 무엇인가요?

요즘 당신을 칭찬해 준 사람은 누구인가요?

누가 당신을 사랑하고 있나요?

WEEK 29

축복을 세지 않고 하루를 흘려보내지 말라.

Let no day go by without counting your blessing.

존 템플턴 John Templeton

❋ **일요일의 감사** ❋　　　Date:　　　　.　　　.　　　.

1.

2.

3.

오늘 나의 하루는?　　😆　　😌　　😐　　😣　　😫

❋ **월요일의 감사** ❋　　　Date:　　　　.　　　.　　　.

1.

2.

3.

오늘 나의 하루는?　　😆　　😌　　😐　　😣　　😫

94

❀ 화요일의 감사 ❀   Date: .   .   .

1.

2.

3.

오늘 나의 하루는?

❀ 수요일의 감사 ❀   Date: .   .   .

1.

2.

3.

오늘 나의 하루는?

❀ 목요일의 감사 ❀   Date: .   .   .

1.

2.

3.

오늘 나의 하루는?

❋ 금요일의 감사 ❋   Date: .   .   .

1. _____

2. _____

3. _____

오늘 나의 하루는?   🤣   😌   😶   😩   😭

❋ 토요일의 감사 ❋   Date: .   .   .

1. _____

2. _____

3. _____

오늘 나의 하루는?   🤣   😌   😶   😩   😭

이번 주 가장 기억에 남기고 싶은 순간은?

> 앞날에 있는, 알지 못할 그 축복들에 감사하라.
> Give thanks for unknown blessings already on their way.
>
> 아메리카 원주민 속담

❀ 일요일의 감사 ❀

Date: . . .

1.

2.

3.

오늘 나의 하루는?

❀ 월요일의 감사 ❀

Date: . . .

1.

2.

3.

오늘 나의 하루는?

97

❋ **화요일의 감사** ❋   Date: .   .   .

1.

2.

3.

오늘 나의 하루는?   🤣   😌   😐   😩   😭

❋ **수요일의 감사** ❋   Date: .   .   .

1.

2.

3.

오늘 나의 하루는?   🤣   😌   😐   😩   😭

❋ **목요일의 감사** ❋   Date: .   .   .

1.

2.

3.

오늘 나의 하루는?   🤣   😌   😐   😩   😭

98

Date: .   .   .

1.

2.

3.

오늘 나의 하루는?   😆   😌   😐   😣   😭

※ **토요일의 감사** ※   Date: .   .   .

1.

2.

3.

오늘 나의 하루는?   😆   😌   😐   😣   😭

이번 주 가장 기억에 남기고 싶은 순간은?

WEEK 31

오늘 하루도 감사합니다

> 다른 사람을 행복하게 해 주려 할 때
> 행복은 비로소 나에게 찾아온다.
>
> Happiness is a by product of an effort
> to make someone else happy.
>
> 그레타 팔머 Gretta Palmer

❋ **일요일의 감사** ❋   Date: .   .   .

1. _____

2. _____

3. _____

오늘 나의 하루는?   🤣   😌   😐   😩   😭

❋ **월요일의 감사** ❋   Date: .   .   .

1. _____

2. _____

3. _____

오늘 나의 하루는?   🤣   😌   😐   😩   😭

100

❀ 화요일의 감사 ❀

Date: .   .   .

1.

2.

3.

오늘 나의 하루는?

❀ 수요일의 감사 ❀

Date: .   .   .

1.

2.

3.

오늘 나의 하루는?

❀ 목요일의 감사 ❀

Date: .   .   .

1.

2.

3.

오늘 나의 하루는?

101

❈ 금요일의 감사 ❈　　　　　　　Date:　　　.　　.　　.

1.

2.

3.

오늘 나의 하루는?

❈ 토요일의 감사 ❈　　　　　　　Date:　　　.　　.　　.

1.

2.

3.

오늘 나의 하루는?

이번 주 가장 기억에 남기고 싶은 순간은?

오늘 하루도 감사합니다

> 과거를 돌아보며 분노하거나 미래를 바라보며 두려워 말고
> 깨어 있는 마음으로 현재를 두루 살피라.
>
> Let us not look back to the past with anger, nor towards
> the future with fear, but look around with awareness.
>
> 제임스 서버 James Thurber

❋ 일요일의 감사 ❋　　　　　　　Date: ＿ . ＿ . ＿

1.

2.

3.

오늘 나의 하루는?　🙂　😌　😐　😣　😫

❋ 월요일의 감사 ❋　　　　　　　Date: ＿ . ＿ . ＿

1.

2.

3.

오늘 나의 하루는?　🙂　😌　😐　😣　😫

❋ 화요일의 감사 ❋　　　　　　Date:　　.　.　.

1.

2.

3.

오늘 나의 하루는?

❋ 수요일의 감사 ❋　　　　　　Date:　　.　.　.

1.

2.

3.

오늘 나의 하루는?

❋ 목요일의 감사 ❋　　　　　　Date:　　.　.　.

1.

2.

3.

오늘 나의 하루는?

❀ 금요일의 감사 ❀   Date: .   .   .

1.

2.

3.

오늘 나의 하루는?   😆   😌   😐   😥   😫

❀ 토요일의 감사 ❀   Date: .   .   .

1.

2.

3.

오늘 나의 하루는?   😆   😌   😐   😥   😫

이번 주 가장 기억에 남기고 싶은 순간은?

WEEK 33 오늘 하루도 감사합니다

> 평화롭고 행복하게 살고자 한다면
> 아는 것 모두를 말하지도, 본 것 모두를 평가하지도 말라.
>
> He that would live in peace and at ease,
> must not speak all he knows nor judge all he sees.
>
> 벤저민 프랭클린 Benjamin Franklin

❋ **일요일의 감사** ❋   Date: .   .   .

1. _____

2. _____

3. _____

오늘 나의 하루는?   🫠   😌   😊   😣   😭

❋ **월요일의 감사** ❋   Date: .   .   .

1. _____

2. _____

3. _____

오늘 나의 하루는?   🫠   😌   😊   😣   😭

❊ 화요일의 감사 ❊   Date: .   .   .

1.

2.

3.

오늘 나의 하루는?   😆   😌   😐   😫   😭

❊ 수요일의 감사 ❊   Date: .   .   .

1.

2.

3.

오늘 나의 하루는?   😆   😌   😐   😫   😭

❊ 목요일의 감사 ❊   Date: .   .   .

1.

2.

3.

오늘 나의 하루는?   😆   😌   😐   😫   😭

�֎ 금요일의 감사 ✐

Date: . . .

1.

2.

3.

오늘 나의 하루는? 😆 😌 😳 😣 😭

✐ 토요일의 감사 ✐

Date: . . .

1.

2.

3.

오늘 나의 하루는? 😆 😌 😳 😣 😭

이번 주 가장 기억에 남기고 싶은 순간은?

> 감사는 정중함의 가장 아름다운 표현이다.
> Gratitude is the most exquisite form of courtesy.
>
> 자크 마리탱 Jacques Maritain

❄ **일요일의 감사** ❄　　　　Date: ．　．

1.

2.

3.

오늘 나의 하루는?

❄ **월요일의 감사** ❄　　　　Date: ．　．

1.

2.

3.

오늘 나의 하루는?

❋ 화요일의 감사 ❋   Date: .   .   .

1. _____

2. _____

3. _____

오늘 나의 하루는?   🤣   😌   😐   😫   😭

❋ 수요일의 감사 ❋   Date: .   .   .

1. _____

2. _____

3. _____

오늘 나의 하루는?   🤣   😌   😐   😫   😭

❋ 목요일의 감사 ❋   Date: .   .   .

1. _____

2. _____

3. _____

오늘 나의 하루는?   🤣   😌   😐   😫   😭

110

❀ **금요일의 감사** ❀　　　　　　Date:　　　.　　.　　.

1.

2.

3.

오늘 나의 하루는?　😆　😌　😐　😣　😭

❀ **토요일의 감사** ❀　　　　　　Date:　　　.　　.　　.

1.

2.

3.

오늘 나의 하루는?　😆　😌　😐　😣　😭

이번 주 가장 기억에 남기고 싶은 순간은?

WEEK 35

오늘 하루도 감사합니다

> 왜 호랑이를 만들었냐고 신에게 불평하지 말고,
> 호랑이에게 날개를 달지 않은 것에 감사하라.
>
> Do not blame God for having created the tiger,
> but thank him for not having given it wings.
>
> 인도 속담

❀ 일요일의 감사 ❀　　　　Date: ．　．　．

1.

2.

3.

오늘 나의 하루는?　😋　😌　😐　😩　😫

❀ 월요일의 감사 ❀　　　　Date: ．　．　．

1.

2.

3.

오늘 나의 하루는?　😋　😌　😐　😩　😫

❋ 화요일의 감사 ❋

Date:　　　.　　　.　　　.

1.

2.

3.

오늘 나의 하루는?

❋ 수요일의 감사 ❋

Date:　　　.　　　.　　　.

1.

2.

3.

오늘 나의 하루는?

❋ 목요일의 감사 ❋

Date:　　　.　　　.　　　.

1.

2.

3.

오늘 나의 하루는?

※ **금요일의 감사** ※   Date: .   .   .

1.

2.

3.

오늘 나의 하루는?   😄   😌   😐   😩   😭

※ **토요일의 감사** ※   Date: .   .   .

1.

2.

3.

오늘 나의 하루는?   😄   😌   😐   😩   😭

이번 주 가장 기억에 남기고 싶은 순간은?

114

> 많은 사람이 진정한 행복에 대해 오해하고 있다.
> 행복은 자기만족에 의해서가 아니라,
> 가치 있는 목적에 충실함으로써 이루어진다.
>
> Many persons have a wrong idea of what constitutes true happiness. It is not
> attained through self-gratification but through fidelity to a worthy purpose.
>
> 헬렌 켈러 Helen Keller

❀ **일요일의 감사** ❀　　　　　Date: 　　.　　.　　.

1.

2.

3.

오늘 나의 하루는?　😄　😌　😊　😩　😫

❀ **월요일의 감사** ❀　　　　　Date: 　　.　　.　　.

1.

2.

3.

오늘 나의 하루는?　😄　😌　😊　😩　😫

❀ **화요일의 감사** ❀   Date: .   .   .

1.

2.

3.

오늘 나의 하루는?   🤣   😌   😐   😫   😭

❀ **수요일의 감사** ❀   Date: .   .   .

1.

2.

3.

오늘 나의 하루는?   🤣   😌   😐   😫   😭

❀ **목요일의 감사** ❀   Date: .   .   .

1.

2.

3.

오늘 나의 하루는?   🤣   😌   😐   😫   😭

116

❄ 금요일의 감사 ❄   Date: .   .   .

1.
2.
3.

오늘 나의 하루는?   😆   😌   😐   😫   😭

❄ 토요일의 감사 ❄   Date: .   .   .

1.
2.
3.

오늘 나의 하루는?   😆   😌   😐   😫   😭

이번 주 가장 기억에 남기고 싶은 순간은?

WEEK 37 · 오늘 하루도 감사합니다

> 천사는 자신을 가벼운 존재로 낮추므로 날 수 있다.
> 악마는 제 무게에 못 이겨 추락한다.
>
> Angels can fly because they take themselves lightly;
> devils fall because of their gravity.
>
> G. K. 체스터턴 **G. K. Chesterton**

❋ 일요일의 감사 ❋   Date: . . .

1.

2.

3.

오늘 나의 하루는?   😆   😌   😐   😣   😫

❋ 월요일의 감사 ❋   Date: . . .

1.

2.

3.

오늘 나의 하루는?   😆   😌   😐   😣   😫

❄ 화요일의 감사 ❄   Date: .   .   .

1.

2.

3.

오늘 나의 하루는?   😆   😌   😐   😩   😭

❄ 수요일의 감사 ❄   Date: .   .   .

1.

2.

3.

오늘 나의 하루는?   😆   😌   😐   😩   😭

❄ 목요일의 감사 ❄   Date: .   .   .

1.

2.

3.

오늘 나의 하루는?   😆   😌   😐   😩   😭

❀ 금요일의 감사 ❀   Date: .   .   .

1. _____

2. _____

3. _____

오늘 나의 하루는?   🤣   😌   😐   😫   😭

❀ 토요일의 감사 ❀   Date: .   .   .

1. _____

2. _____

3. _____

오늘 나의 하루는?   🤣   😌   😐   😫   😭

이번 주 가장 기억에 남기고 싶은 순간은?

> 비꼬는 것은 부드러운 말로도 하지 말고,
> 비웃음은 마귀에게라도 보이지 말라.
>
> Never be a cynic, even a gentle one.
> Never help out a sneer, even at the devil.
>
> 베이철 린지 Vachel Lindsay

❀ 일요일의 감사 ❀

Date: . . .

1.

2.

3.

오늘 나의 하루는?

❀ 월요일의 감사 ❀

Date: . . .

1.

2.

3.

오늘 나의 하루는?

❀ 화요일의 감사 ❀　　　　Date: 　.　　.　　.

1. _____
2. _____
3. _____

오늘 나의 하루는?　　🤣　　😌　　😐　　😩　　😭

❀ 수요일의 감사 ❀　　　　Date: 　.　　.　　.

1. _____
2. _____
3. _____

오늘 나의 하루는?　　🤣　　😌　　😐　　😩　　😭

❀ 목요일의 감사 ❀　　　　Date: 　.　　.　　.

1. _____
2. _____
3. _____

오늘 나의 하루는?　　🤣　　😌　　😐　　😩　　😭

122

❀ 금요일의 감사 ❀   Date: .   .   .

1.

2.

3.

오늘 나의 하루는?   😆   😌   😐   😫   😭

❀ 토요일의 감사 ❀   Date: .   .   .

1.

2.

3.

오늘 나의 하루는?   😆   😌   😐   😫   😭

이번 주 가장 기억에 남기고 싶은 순간은?

오늘 하루도 감사합니다

> 아침에 일어나면 일용할 양식이 있음과 살아 숨쉬는
> 기쁨에 감사하라. 만약 기뻐해야 할 이유를 찾지 못한다면,
> 그 잘못은 모두 자신에게 있다.
>
> When you arise in the morning give thanks for your food and for the joy of
> living. If you see no reason for giving thanks, the fault lies only in yourself.
>
> 테쿰세 Tecumseh

❀ **일요일의 감사** ❀　　　Date: 　　.　　.　　.

1.

2.

3.

오늘 나의 하루는?　　😆　　😌　　😐　　😣　　😫

❀ **월요일의 감사** ❀　　　Date: 　　.　　.　　.

1.

2.

3.

오늘 나의 하루는?　　😆　　😌　　😐　　😣　　😫

❋ 화요일의 감사 ❋

Date: . . .

1.

2.

3.

오늘 나의 하루는?

❋ 수요일의 감사 ❋

Date: . . .

1.

2.

3.

오늘 나의 하루는?

❋ 목요일의 감사 ❋

Date: . . .

1.

2.

3.

오늘 나의 하루는?

❀ 금요일의 감사 ❀   Date: .   .   .

1. _____

2. _____

3. _____

오늘 나의 하루는?   🤪   😌   😐   😩   😭

❀ 토요일의 감사 ❀   Date: .   .   .

1. _____

2. _____

3. _____

오늘 나의 하루는?   🤪   😌   😐   😩   😭

이번 주 가장 기억에 남기고 싶은 순간은?

> 가장 통달하기 힘든 셈은
> 우리에게 주어진 축복을 헤아리는 것이다.
>
> The hardest arithmetic to master is that
> which enables us to count our blessings.
>
> 에릭 호퍼 Eric Hoffer

❀ 일요일의 감사 ❀

Date: . . .

1.

2.

3.

오늘 나의 하루는?

❀ 월요일의 감사 ❀

Date: . . .

1.

2.

3.

오늘 나의 하루는?

❋ 화요일의 감사 ❋   Date: .   .   .

1.

2.

3.

오늘 나의 하루는?   🤣   😌   😐   😩   😭

❋ 수요일의 감사 ❋   Date: .   .   .

1.

2.

3.

오늘 나의 하루는?   🤣   😌   😐   😩   😭

❋ 목요일의 감사 ❋   Date: .   .   .

1.

2.

3.

오늘 나의 하루는?   🤣   😌   😐   😩   😭

❀ **금요일의 감사** ❀　　　　　　　Date:　　.　.　.

1.

2.

3.

오늘 나의 하루는?　　😆　　😌　　😐　　😣　　😫

❀ **토요일의 감사** ❀　　　　　　　Date:　　.　.　.

1.

2.

3.

오늘 나의 하루는?　　😆　　😌　　😐　　😣　　😫

이번 주 가장 기억에 남기고 싶은 순간은?

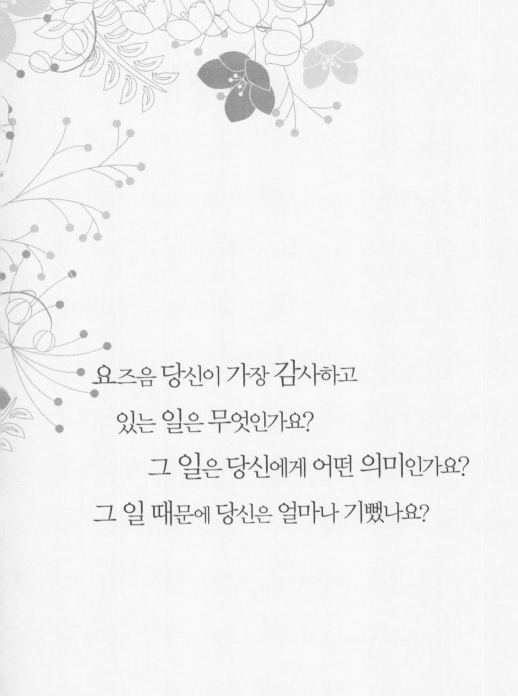

요즈음 당신이 가장 감사하고
있는 일은 무엇인가요?
그 일은 당신에게 어떤 의미인가요?
그 일 때문에 당신은 얼마나 기뻤나요?

Date: .   .   .

WEEK 41 오늘 하루도 감사합니다

사소한 것에 기뻐하도록 우리를 가르치소서.
Teach us delight in simple things.

러디어드 키플링 Rudyard Kipling

❀ 일요일의 감사 ❀   Date: .   .   .

1.

2.

3.

오늘 나의 하루는?

❀ 월요일의 감사 ❀   Date: .   .   .

1.

2.

3.

오늘 나의 하루는?

❄ **화요일의 감사** ❄

Date: .   .   .

1.

2.

3.

오늘 나의 하루는?   😆   😌   😐   😩   😭

❄ **수요일의 감사** ❄

Date: .   .   .

1.

2.

3.

오늘 나의 하루는?   😆   😌   😐   😩   😭

❄ **목요일의 감사** ❄

Date: .   .   .

1.

2.

3.

오늘 나의 하루는?   😆   😌   😐   😩   😭

❀ 금요일의 감사 ❀

Date: .   .   .

1.

2.

3.

오늘 나의 하루는? 🤣 😌 😐 😣 😭

❀ 토요일의 감사 ❀

Date: .   .   .

1.

2.

3.

오늘 나의 하루는? 🤣 😌 😐 😣 😭

이번 주 가장 기억에 남기고 싶은 순간은?

> 자신이 쓸 땔감을 직접 자르면 두 배 더 따뜻해진다.
> Chop your own wood and it will warm you twice.
>
> 헨리 포드 Henry Ford

❋ **일요일의 감사** ❋   Date: . . .

1.

2.

3.

오늘 나의 하루는?

❋ **월요일의 감사** ❋   Date: . . .

1.

2.

3.

오늘 나의 하루는?

135

❀ 화요일의 감사 ❀　　　　　Date: ． ． ．

1.

2.

3.

오늘 나의 하루는?　　😆　　😌　　😐　　😩　　😫

❀ 수요일의 감사 ❀　　　　　Date: ． ． ．

1.

2.

3.

오늘 나의 하루는?　　😆　　😌　　😐　　😩　　😫

❀ 목요일의 감사 ❀　　　　　Date: ． ． ．

1.

2.

3.

오늘 나의 하루는?　　😆　　😌　　😐　　😩　　😫

136

1.

2.

3.

오늘 나의 하루는?   😆   😊   😐   😞   😫

❋ **토요일의 감사** ❋   Date: .   .   .

1.

2.

3.

오늘 나의 하루는?   😆   😊   😐   😞   😫

이번 주 가장 기억에 남기고 싶은 순간은?

WEEK 43

오늘 하루도 감사합니다

> 인간은 필요로 하는 것보다 좋은 것을
> 더 많이 갖고자 하는 욕구를 타고났다.
>
> A human being has a natural desire to have more of
> a good thing than he needs.
>
> 마크 트웨인 Mark Twain

❀ 일요일의 감사 ❀   Date: .   .   .

1.

2.

3.

오늘 나의 하루는?

❀ 월요일의 감사 ❀   Date: .   .   .

1.

2.

3.

오늘 나의 하루는?

❋ 화요일의 감사 ❋　　　　　Date:　　.　　.　　.

1.

2.

3.

오늘 나의 하루는?　😆　😌　😐　😩　😭

❋ 수요일의 감사 ❋　　　　　Date:　　.　　.　　.

1.

2.

3.

오늘 나의 하루는?　😆　😌　😐　😩　😭

❋ 목요일의 감사 ❋　　　　　Date:　　.　　.　　.

1.

2.

3.

오늘 나의 하루는?　😆　😌　😐　😩　😭

❄ 금요일의 감사 ❄   Date: .   .   .

1.

2.

3.

오늘 나의 하루는?

❄ 토요일의 감사 ❄   Date: .   .   .

1.

2.

3.

오늘 나의 하루는?

이번 주 가장 기억에 남기고 싶은 순간은?

오늘 하루도 감사합니다

행복을 얻는 데 필요하지 않은 것들은
아무리 많이 가져도 늘 충분하지 않다.

You can never get enough of what you don't need
to make you happy.

에릭 호퍼 Eric Hoffer

❀ 일요일의 감사 ❀

Date: . . .

1.

2.

3.

오늘 나의 하루는?

❀ 월요일의 감사 ❀

Date: . . .

1.

2.

3.

오늘 나의 하루는?

❀ 화요일의 감사 ❀
Date: .   .   .

1.
2.
3.

오늘 나의 하루는?

❀ 수요일의 감사 ❀
Date: .   .   .

1.
2.
3.

오늘 나의 하루는?

❀ 목요일의 감사 ❀
Date: .   .   .

1.
2.
3.

오늘 나의 하루는?

❃ 금요일의 감사 ❃　　　　Date:　　.　.　.

1.

2.

3.

오늘 나의 하루는?　😄　😌　😐　😣　😫

❃ 토요일의 감사 ❃　　　　Date:　　.　.　.

1.

2.

3.

오늘 나의 하루는?　😄　😌　😐　😣　😫

이번 주 가장 기억에 남기고 싶은 순간은?

WEEK 45   오늘 하루도 감사합니다

> 겸손은 삶에서 일어날 수 있는 온갖 변화에 대한
> 마음의 준비를 하게 해 주는 유일하고 진정한 지혜다.
>
> Humility is the only true wisdom by which we prepare
> our minds for all the possible changes of life.
>
> 조지 알리스 George Arliss

❈ 일요일의 감사 ❈   Date :   .   .   .

1.

2.

3.

오늘 나의 하루는?

❈ 월요일의 감사 ❈   Date :   .   .   .

1.

2.

3.

오늘 나의 하루는?

144

❀ 화요일의 감사 ❀   Date: .   .   .

1.

2.

3.

오늘 나의 하루는?

❀ 수요일의 감사 ❀   Date: .   .   .

1.

2.

3.

오늘 나의 하루는?

❀ 목요일의 감사 ❀   Date: .   .   .

1.

2.

3.

오늘 나의 하루는?

❋ 금요일의 감사 ❋   Date: .   .   .

1.

2.

3.

오늘 나의 하루는?   🤭   😌   😐   😫   😭

❋ 토요일의 감사 ❋   Date: .   .   .

1.

2.

3.

오늘 나의 하루는?   🤭   😌   😐   😫   😭

이번 주 가장 기억에 남기고 싶은 순간은?

> 슬픔 속에는 연금술이 있다. 슬픔은 지혜로 변해
> 기쁨 또는 행복을 가져다 줄 수 있다.
>
> There is an alchemy in sorrow. It can be transmuted into wisdom,
> which, if it does not bring joy, can yet bring happiness.
>
> 펄 벅 Pearl Buck

❋ 일요일의 감사 ❋

Date: .   .   .

1.

2.

3.

오늘 나의 하루는?

❋ 월요일의 감사 ❋

Date: .   .   .

1.

2.

3.

오늘 나의 하루는?

147

❀ 화요일의 감사 ❀   Date: .   .   .

1.

2.

3.

오늘 나의 하루는?   🤣   😌   😐   😩   😭

❀ 수요일의 감사 ❀   Date: .   .   .

1.

2.

3.

오늘 나의 하루는?   🤣   😌   😳   😩   😭

❀ 목요일의 감사 ❀   Date: .   .   .

1.

2.

3.

오늘 나의 하루는?   🤣   😌   😳   😩   😭

148

�֎ 금요일의 감사 �֎　　　　Date:　　　.　　.　　.

1. _____

2. _____

3. _____

오늘 나의 하루는?　　😋　　😌　　😐　　😣　　😭

✖ 토요일의 감사 ✖　　　　Date:　　　.　　.　　.

1. _____

2. _____

3. _____

오늘 나의 하루는?　　😋　　😌　　😐　　😣　　😭

이번 주 가장 기억에 남기고 싶은 순간은?

WEEK 47 오늘 하루도 감사합니다

> 사랑하는 것을 가질 수 없다면,
> 가질 수 있는 것을 사랑하라.
>
> When we cannot get what we love,
> we must love what is within our reach.
>
> 프랑스 속담

❀ **일요일의 감사** ❀   Date: .   .   .

1.

2.

3.

오늘 나의 하루는?

❀ **월요일의 감사** ❀   Date: .   .   .

1.

2.

3.

오늘 나의 하루는?

150

※ **화요일의 감사** ※   Date: . . .

1.

2.

3.

오늘 나의 하루는?

※ **수요일의 감사** ※   Date: . . .

1.

2.

3.

오늘 나의 하루는?

※ **목요일의 감사** ※   Date: . . .

1.

2.

3.

오늘 나의 하루는?

❀ 금요일의 감사 ❀   Date: .   .   .

1. _____

2. _____

3. _____

오늘 나의 하루는?   😋   😌   😐   😩   😭

❀ 토요일의 감사 ❀   Date: .   .   .

1. _____

2. _____

3. _____

오늘 나의 하루는?   😋   😌   😐   😩   😭

이번 주 가장 기억에 남기고 싶은 순간은?

우물이 마르고 나서야 물의 가치를 알게 된다.

When the well is dry, we know the worth of water.

벤저민 프랭클린

❀ **일요일의 감사** ❀　　　Date:　　.　　.　　.

1.

2.

3.

오늘 나의 하루는?

❀ **월요일의 감사** ❀　　　Date:　　.　　.　　.

1.

2.

3.

오늘 나의 하루는?

❋ 화요일의 감사 ❋　　　　　　　Date:　　　.　　.　　.

1.

2.

3.

오늘 나의 하루는?　　😆　　😌　　😐　　😩　　😭

❋ 수요일의 감사 ❋　　　　　　　Date:　　　.　　.　　.

1.

2.

3.

오늘 나의 하루는?　　😆　　😌　　😐　　😩　　😭

❋ 목요일의 감사 ❋　　　　　　　Date:　　　.　　.　　.

1.

2.

3.

오늘 나의 하루는?　　😆　　😌　　😐　　😩　　😭

Date: . . .

1.

2.

3.

오늘 나의 하루는?

※ **토요일의 감사** ※

Date: . . .

1.

2.

3.

오늘 나의 하루는?

이번 주 가장 기억에 남기고 싶은 순간은?

WEEK 49

오늘 하루도 감사합니다

축복은 더 많은 축복으로가 아니라
마음의 변화로부터 비롯된다.

A sense of blessedness comes from a change of heart,
not from more blessings.

메이슨 쿨리 Mason Cooley

❋ **일요일의 감사** ❋   Date: .   .   .

1.

2.

3.

오늘 나의 하루는?

❋ **월요일의 감사** ❋   Date: .   .   .

1.

2.

3.

오늘 나의 하루는?

❋ 화요일의 감사 ❋

Date: .   .   .

1.

2.

3.

오늘 나의 하루는?

❋ 수요일의 감사 ❋

Date: .   .   .

1.

2.

3.

오늘 나의 하루는?

❋ 목요일의 감사 ❋

Date: .   .   .

1.

2.

3.

오늘 나의 하루는?

❀ 금요일의 감사 ❀　　　　Date:　　　.　　.　　.

1.

2.

3.

오늘 나의 하루는?　　🙂　　😌　　😐　　😣　　😭

❀ 토요일의 감사 ❀　　　　Date:　　　.　　.　　.

1.

2.

3.

오늘 나의 하루는?　　🙂　　😌　　😐　　😣　　😭

이번 주 가장 기억에 남기고 싶은 순간은?

오늘 하루도 감사합니다   WEEK 50

마음을 담장 너머로 던지면
나머지는 저절로 따라 넘어가게 된다.
Throw your heart over the fence and the rest will follow.

노먼 빈센트 필 Norman Vincent Peale

❋ 일요일의 감사 ❋   Date: .   .   .

1.

2.

3.

오늘 나의 하루는?

❋ 월요일의 감사 ❋   Date: .   .   .

1.

2.

3.

오늘 나의 하루는?

❀ 화요일의 감사 ❀　　　　　　　Date:　　　.　　.　　.

1. _____

2. _____

3. _____

오늘 나의 하루는?　　😆　　😌　　😐　　😩　　😭

❀ 수요일의 감사 ❀　　　　　　　Date:　　　.　　.　　.

1. _____

2. _____

3. _____

오늘 나의 하루는?　　😆　　😌　　😐　　😩　　😭

❀ 목요일의 감사 ❀　　　　　　　Date:　　　.　　.　　.

1. _____

2. _____

3. _____

오늘 나의 하루는?　　😆　　😌　　😐　　😩　　😭

※ **금요일의 감사** ※   Date: .   .   .

1.

2.

3.

오늘 나의 하루는?   🙂   😌   😐   😣   😫

※ **토요일의 감사** ※   Date: .   .   .

1.

2.

3.

오늘 나의 하루는?   🙂   😌   😐   😣   😫

이번 주 가장 기억에 남기고 싶은 순간은?

161

WEEK 51 오늘 하루도 감사합니다

> 나는 실패한 것이 아니다. 다만 쓸모없는 방법
> 만 가지를 찾아냈을 뿐이다.
> I have not failed. I've just found 10,000 ways that won't work.
>
> 토머스 에디슨 Thomas Edison

❋ **일요일의 감사** ❋   Date: .   .   .

1.

2.

3.

오늘 나의 하루는?

❋ **월요일의 감사** ❋   Date: .   .   .

1.

2.

3.

오늘 나의 하루는?

162

❀ 화요일의 감사 ❀　　　　Date:　　.　.　.

1.

2.

3.

오늘 나의 하루는?　　😆　　😌　　😐　　�© 　　😫

❀ 수요일의 감사 ❀　　　　Date:　　.　.　.

1.

2.

3.

오늘 나의 하루는?　　😆　　😌　　😐　　😫　　😩

❀ 목요일의 감사 ❀　　　　Date:　　.　.　.

1.

2.

3.

오늘 나의 하루는?　　😆　　😌　　😐　　😫　　😩

163

❁ 금요일의 감사 ❁

Date: .   .   .

1. _____

2. _____

3. _____

오늘 나의 하루는?

❁ 토요일의 감사 ❁

Date: .   .   .

1. _____

2. _____

3. _____

오늘 나의 하루는?

이번 주 가장 기억에 남기고 싶은 순간은?

> 행복하게 여행하려면 가볍게 여행해야 한다.
> He who would travel happily must travel light.
>
> 생텍쥐페리 Saint Exupery

※ 일요일의 감사 ※   Date: .   .   .

1.

2.

3.

오늘 나의 하루는?

※ 월요일의 감사 ※   Date: .   .   .

1.

2.

3.

오늘 나의 하루는?

❋ 화요일의 감사 ❋   Date: .   .   .

1.

2.

3.

오늘 나의 하루는?   🤣   😌   😐   😩   😭

❋ 수요일의 감사 ❋   Date: .   .   .

1.

2.

3.

오늘 나의 하루는?   🤣   😌   😐   😩   😭

❋ 목요일의 감사 ❋   Date: .   .   .

1.

2.

3.

오늘 나의 하루는?   🤣   😌   😐   😩   😭

❀ **금요일의 감사** ❀　　　Date: 　. 　. 　.

1.

2.

3.

오늘 나의 하루는?　😆　😊　😐　😫　😰

❀ **토요일의 감사** ❀　　　Date: 　. 　. 　.

1.

2.

3.

오늘 나의 하루는?　😆　😊　😐　😫　😰

이번 주 가장 기억에 남기고 싶은 순간은?

167

기적을 만드는 습관
하루 3분 세 가지 감사

1판 1쇄 2019년 12월 24일 발행
1판 2쇄 2020년 2월 10일 발행

구성 · 코리아닷컴 편집팀
펴낸이 · 김정주
펴낸곳 · ㈜대성 Korea.com
본부장 · 김은경
기획편집 · 이향숙, 김현경
디자인 · 문 용
영업마케팅 · 조남웅
경영지원 · 공유정, 마희숙

등록 · 제300-2003-82호
주소 · 서울시 용산구 후암로 57길 57 (동자동) ㈜대성
대표전화 · (02) 6959-3140 | 팩스 · (02) 6959-3144
홈페이지 · www.daesungbook.com | 전자우편 · daesungbooks@korea.com

ISBN 979-11-90488-04-4 (03190)
이 책의 가격은 뒤표지에 있습니다.

Korea.com은 ㈜대성에서 펴내는 종합출판브랜드입니다.
잘못 만들어진 책은 구입하신 곳에서 바꾸어 드립니다.

이 도서의 국립중앙도서관 출판시도서목록(CIP)은 e-CIP홈페이지(http://www.nl.go.kr/ecip)와 국가자료공동목록시스템(http://www.nl.go.kr/kolisnet)에서 이용하실 수 있습니다.(CIP제어번호: CIP2019050023)